Desejo, vontade e racionalidade

Coleção Miniensaios de Filosofia
Autores: Flávio Tonnetti e Arthur Meucci

- *Amor, existência e morte*
- *Desejo, vontade e racionalidade*
- *Ética, medo e esperança*

Dados Internacionais de Catalogação na Publicação (CIP)
(Câmara Brasileira do Livro, SP, Brasil)

Tonnetti, Flávio
Desejo, vontade e racionalidade / Flávio Tonnetti, Arthur Meucci. – Petrópolis, RJ : Vozes, 2013. – (Coleção Miniensaios de Filosofia)

ISBN 978-85-326-4272-1

1. Desejo 2. Racionalidade 3. Vontade
I. Meucci, Arthur. II. Título. III. Série.

11-11176 CDD-128.3

Índices para catálogo sistemático:
1. Desejo, vontade e racionalidade : Filosofia
128.3

Flávio Tonnetti
Arthur Meucci

Desejo, vontade ε racionalidade

EDITORA VOZES

Petrópolis

Rua Frei Luís, 100
25689-900 Petrópolis, RJ
Internet: http://www.vozes.com.br
Brasil

Diretor editorial
Frei Antônio Moser

Editores
Aline dos Santos Carneiro
José Maria da Silva
Lídio Peretti
Marilac Loraine Oleniki

Secretário executivo
João Batista Kreuch

Editoração: Fernando Sergio Olivetti da Rocha
Projeto gráfico: Victor Mauricio Bello
Capa: Mariana Ferreira/ Estúdio Sambaqui

ISBN 978-85-326-4272-1

Editado conforme o novo acordo ortográfico.

Este livro foi composto e impresso pela Editora Vozes Ltda.

Apresentação

A série Miniensaios de Filosofia é um convite para que o leitor tome contato com grandes temas do universo filosófico. Cada volume possui pequenos ensaios sobre três importantes questões filosóficas, tratadas a partir de diferentes abordagens. Assim, acreditamos poder oferecer perspectivas e pontos de vista variados sobre cada tema, para que o interessado em filosofia possa compreendê-la como campo de debates e incertezas. Ao longo do livro, encontraremos perspectivas diferentes sobre cada um dos três temas, às vezes complementares, às vezes contraditórias.

Além disso, o leitor observará que cada ensaio possui símbolos que remetem imediatamente aos temas do livro, sendo possível procurar pelos símbolos ao longo do livro e ler primeiro o tema que mais captou seu interesse. Isto possibilita um tipo diferente de leitura, um modo não linear de percorrer o livro. Além desse recurso, relacionamos em algarismos romanos, ao final de cada ensaio, o número de outros ensaios que podem ter alguma relação com aquele que você está lendo. Esperamos oferecer, deste modo, experiências variadas de contato com o livro, de modo que você possa criar o percurso que achar mais conveniente – e agradável.

Boa leitura!

Entender é parede: procure
ser uma árvore.

Manoel de Barros

I

Desejar é ligar-se ao corpo. Desejamos com o corpo e apenas através do corpo nos realizamos. E tudo que sentimos só nos é permitido sentir porque vivemos encarnados na matéria, em uma vida imanente e telúrica. Nada sentimos ou desejamos fora desta realidade.

Falar de desejos é, portanto, falar de sensações, falar dos sentidos. Desejamos através dos órgãos sensoriais: queremos com a língua, com os olhos, com o nariz, ouvidos e pele. Até mesmo sonhar é desejar com o corpo. Projetos idealizados de nós mesmos, somos frutos de nossas sensações, e vamos nos constituindo como realizações do gosto, a partir do prazer que sentimos e do desprazer que evitamos.

Se pensarmos que nossos desejos são frutos de nossa vontade, necessitaríamos supor que há algo anterior ao corpo, e que decidimos racionalmente sobre nossas vontades, mas não há nada verificável que sustente essa ideia. Nossos desejos não são frutos de nossas vontades; nossas vontades é que são frutos de nossos desejos. Estes não nos pertencem exatamente. Pertencem à nossa matéria. É preciso afastar qualquer concepção de um *eu* que seja separado do corpo, como se pudéssemos controlar externamente nossos desejos. *O mais profundo é a pele.*

"Navegando por estes capítulos, você encontra ensaios afins e cria uma nova ordem de leitura!"

III * IX * XXII * XXIX

II

Do ponto de vista da possibilidade, podemos conceber o que quisermos.

Qualquer ideia maluca pode ser por nós realizada. Podemos ser astronauta ou presidenta, *miss* ou porta--bandeira. Cantor de *rock* ou ator de cinema. Atacante da seleção brasileira. Namorada de contrabandista ou advogada. Ou podemos ser faxineiros em um mundo em que qualquer trabalho seja digno. Sabemos que do ponto de vista da lógica qualquer destino poderá ser construído. E qualquer mundo é um mundo possível.

Mas vivendo na condição humana, que é uma condição de finitude, de morte, temos que enquadrar nossos desejos dentro daquilo que é possível fazer. Se por um lado podemos trilhar qualquer caminho, não teremos todo tempo preciso. Possibilidades distantes de nossa condição atual, de nosso ponto de partida, requerem muito tempo, um tempo que não temos. O infinito não está ao nosso dispor.

Desse confronto entre as possibilidades do desejo e a finitude humana surge a angústia.

Não podendo ser rainha e secretária, médica sem fronteiras e técnica da receita tributária ao mesmo tempo, no curso desta vida, sofremos a frustração de nossos desejos.

Escapar da angústia torna-se então um desafio para a racionalidade humana. Nossa única alternativa é fazer escolhas: dentre tudo o que é possível, tenho que encontrar um caminho e me responsabilizar pelo que sinto, assumindo os riscos daquilo que quero.

Viver é deliberar.

VIII * IX * XI * XVIII * XXVIII

III

A razão é o enfrentamento do desejo. Egoístas que somos, desejamos sem medida e com coragem. Para atingir os objetivos – e os objetos – de nosso desejo, nos permitimos tudo. Ao encontrarmo-nos com um poder sem limites, perdemos as rédeas e ultrapassamos todas as velocidades. Quem impede que sejamos violentos na corrida de nossos desejos é nossa racionalidade. Usamos a razão como freio. Se nossa postura desejosa nos coloca em conflito com outros e com o mundo – já que tudo podemos ao desejar – iremos, no egoísmo de uma vontade sem controle, ultrapassar os limites do outro. Neste estado conflitivo entre desejos, ou de guerras por objetos desejados, não há tranquilidade para usufruir daquilo que conquistamos, pois tão logo alcancemos nossas metas, outro virá para usurpá-las.

A razão nos mostra então uma saída: nesse cenário de incertezas precisamos entrar num acordo com todos os outros que conosco habitam. O medo de perder o que amamos e de nos perder, inclusive perdendo nossa própria vida, faz com que raciocinemos em direção a um contrato, em que respeitemos os desejos e os objetos de desejo dos outros. De acordo com o filósofo Hobbes, racionalidade e medo estão na base da formação da sociedade. Nosso medo não é não alcançar os nossos objetivos: o que tememos é não poder descansar com segurança após ter chegado ao fim da viagem.

VII * XIV * XX * XXIV * XXXI

IV

Construímos socialmente os desejos. É através da relação que o corpo humano tem com as instâncias sociais que canalizamos nossos impulsos e pulsões.

Ninguém seria tolo de dizer que o desejo de alimentar-se é algo que se ensina. Fome não se aprende. Nascemos com instintos essenciais para a vida, como comer e dormir.

Porém, os desejos se situam para além das necessidades primordiais. O leite no seio da mãe, que não dura para sempre, é substituído por papinhas, sucos, pão, carne, chocolate e tantas outras coisas que vão aos poucos substituindo o seio.

Embora ninguém, em sã consciência, incentive os filhos a trocar o leite por fezes, iremos aprender, durante nossa infância, o que podemos ou não comer. E também o modo como faremos isso. Aprenderemos em quais lugares dormir. Perceberemos que a questão dos nossos desejos ultrapassa nossos instintos internos.

Para desejar se vingar, viajar, fumar ou comprar um carro é preciso um complexo trabalho social que fará o meio-termo entre os símbolos autorizados e as nossas cobiças. Considerando também aquelas que nos são socialmente impostas, criamos angústias, porque muitas das coisas que desejamos não existem realmente. E muito do que desejamos não é essencial à vida. Perceberemos que grande parte dos desejos irracionais que nos movem foram criados e sustentados por uma sociedade que nos adestra. Somos adestrados em nossa intimidade.

V

Vontade é algo alheio a mim mesmo, posto que toda vontade é imperativa. E a vontade, como vontade livre, não existe. Não se escolhe o desejo; portanto, não se escolhe a vontade; é preciso aceitar que não estamos livres e rever o conceito de que estamos livres para querer e desejar. E é preciso rever que o desejo seja um desejo livre.

Não há vontade que nos liberte. Só há vontade que nos prenda: estamos presos ao desejo. Vontade, desejo, necessidade: há um determinismo em ser quem nós somos.

Não escolhemos nossa pátria, nossa língua, nossos valores ou nossa biologia. Defecamos quando não desejamos, comemos quando não desejamos, padecemos quando não desejamos: é nosso corpo quem nos comanda. Amamos, choramos e odiamos quando não desejamos: é nossa mente quem nos dita as regras.

Nosso ideal de beleza é herança, nosso ideal de excelência é herança, nosso código genético é herança: vontades externas que nos constituem e nos enganam – passamos a pensar que somos nós esses outros que em nós habitam. Alteridades em nós mesmos, não importa se inscritas em nosso corpo, e em nossas células, ou em nossas culturas, almas ou mentes. São sempre outros querendo pela gente. Não passamos de uma identidade indefinida.

A consciência não existe.

IX * XIII * XIV * XIX * XXIII

VI

Não somos velozes, não enxergamos bem no escuro, não temos genial olfato, não voamos como aves ou como muitas espécies de insetos, somos limitados em nossa capacidade de nadar e, afinal, não somos tão ferozes como tantas outras espécies de seres vivos que habitam nosso planeta. E apesar de nosso tamanho considerável, que nos coloca no rol privilegiado – o dos animais mais grandiosos de todo planeta – perpetuamos nossa espécie porque pensamos. Não é o tamanho de nossos corpos que nos privilegia diretamente, mas o tamanho de nossos cérebros. Raciocinar é para nós uma capacidade distintiva.

Se todos os animais possuem instinto, que lhes garante reagir a situações inusitadas e lhes salvar a pele, nós temos algo a mais que nos favorece: o raciocínio.

Perpetuamos nossa espécie porque pensamos, e porque somos capazes de introduzir mudanças conscientes em nosso meio, de transformá-lo e de reinventá-lo a nossa vontade.

Com isso introduzimos no mundo uma maneira própria de comunicação: a linguagem humana, e com ela construímos conhecimento e cultura, com os quais redescobrimos o mundo: arte, filosofia, ciência, lógica, tecnologia.

Raciocinar é adaptação valiosa, fruto da evolução da espécie, bioferramenta inerente à condição humana e resultado dos milhares de anos de idade, desde que existimos sobre a Terra. A razão é a melhoria do corpo.

XII * XXI * XXX

VII

O desejo é um voraz consumidor de seu objeto. Para saciá-lo não basta se apossar daquilo que lhe falta, é preciso destruir o que tanto busca. A força que ele utiliza para alcançar sua meta transcende o necessário para que ele simplesmente obtenha o que quer, afetando propositalmente o objeto desejado no processo de conquista.

Quando desejamos um posto de trabalho, e movemos esforços para consegui-lo, não queremos o posto tal qual ele se apresenta. O que queremos com o cargo é modificar sua própria condição, buscando redesenhá-lo em suas atribuições ou para ultrapassá-lo, para tirar proveito. Situação idêntica ocorre quando desejamos alguém – não queremos a pessoa em seu estado de solteira, mas presa ao nosso lado, modificando-se para atender nossas necessidades e carências. Nosso corpo, com sua força biológica de animal, busca aquilo que quer tal qual um leão quando caça uma gazela – luta para ter o que deseja, de modo que, quando se apossa do objeto desejado, trazendo para dentro de seus domínios, deixa-o em pedaços, morto, dilacerado e irreconhecível, quando comparado à beleza daquilo que há pouco tempo era perseguido.

Desejar, paradoxalmente, implica a posse daquilo que nos falta e, ao mesmo tempo, na rejeição daquilo que se almeja. Precisamos refundar o objeto do nosso querer para que este permaneça segundo nossos interesses e prazeres. O desejo, essencialmente, busca negar-se para, novamente, afirmar-se enquanto desejo.

I * XVIII * XXIV * XXVII * XXIX

VIII

É preciso primeiro saber, para depois querer. Isto porque toda vontade envolve, necessariamente, um mecanismo racional. A vontade depende de um *eu* consciente – o que significa que é uma escolha que passa pelo crivo do pensamento.

E ter vontade é algo que diz respeito à intenção, é algo que sai de nós em busca de algo que não está em nós mesmos, mas que conhecemos e que sabemos de antemão o que seja, e qual será o resultado da satisfação desse *querer*.

Assim, *ter vontade* de comer um bife à milanesa é a tentativa de satisfazer um desejo, o da fome – de modo definido e predeterminado –, isto porque não nos interessa, neste caso, satisfazer a fome de qualquer modo, mas de um modo específico. Há quem deseje satisfazer-se com comida japonesa ou árabe, ou com uma receita *vegana* de saladas envolvendo uma deliciosa torta de legumes. Não é possível que exista uma *vontade* de "qualquer coisa", pois *ter vontade* é combinar anseios e desejos mediados pelo pensamento, sobre coisas que escolhemos.

A vontade como volição nos apresenta então o imperativo do conhecimento. Querer é pensar sobre o que se pode. É refletir e meditar sobre o que queremos, ainda que este processo possa ocorrer de modo rápido, e que sobre ele não possamos nos deter.

Não existe vontade no meio do desespero.

XIV * XX * XXVIII

IX

Muitos dos que pretendem utilizar a razão para achar um sentido no mundo se equivocam. Tropeçam, já no início, com suas ignorâncias convertidas em objeto de pesquisa. A razão é o próprio sentido de tudo, e nada tem sentido fora dela.

Os homens são somente seres naturais como os cães, os pássaros e as árvores. Em nada superior ou inferior aos objetos inanimados como a pedra, a madeira ou a água. As coisas existem pelo acaso da matéria. Nada no mundo possui uma finalidade própria, um sentido para estar onde estão. São acidentes de átomos e genes formados segundo uma sorte qualquer.

É a razão humana, com sua necessidade de entender o mundo segundo sua própria lógica, que busca atribuir sentido a tudo. Arbitrariamente classifica o real inserindo noções de tempo, espaço e causalidade. Mostra finalidades nas árvores, nos átomos e nas estrelas que não são reais. Seria a função do Sol – que surgiu antes mesmo dos seres vivos aparecerem – ser criado para nos aquecer e iluminar? As árvores existiram antes de nós para fornecer madeira e frutos? Alucinações da razão humana. O *pseudo*caos que forma o universo, desprovido de causas ou racionalidade, coloca-se como afronta perante suas pretensas capacidades de racionalizar.

O sentido é uma imposição arbitrária usada para explicar as coisas. A razão, em essência, coloca-se como entrave – que nos impede de conhecer o mundo como ele realmente é.

XXIII * XXVII * XXXI

X

Os desejos se convertem em símbolos. Imagens, palavras e gestos indicam nossas inclinações inconscientes.

Ontem, ao sair do jardim de uma casa e entrar na floresta, percebi que os animais mudavam de cor. Um estranho fenômeno: do preto e branco iam aos poucos se tingindo com as cores do arco-íris. No final de uma trilha chego às margens de um rio. Leitoso, sua composição me intriga. Olhando para a direita vejo uma cachoeira. A enorme queda d'água transbordava leite. Próximo à fonte vejo uma jovem nua, banhando-se. Tinha uma feição familiar. Quando percebe minha presença se assusta e diz aflita: *você me deseja?*

Ao levantar da cama, pela manhã, percebo que as imagens oníricas simbolizam algo. Entendo que a saída da casa simboliza o término de meu relacionamento, que as cores dos animais manifestavam meu desejo de converter a tristeza em alegria. Ao sair de casa e tomar meu habitual café da manhã na padaria reconheço a bela garota do sonho, que no dia anterior, vendo-me triste a tomar café, tocou-me carinhosamente, pôs seus dedos em meu rosto, abriu um sorriso e me disse: *que tal um pouco de leite?*

Há uma coisa para se aprender com os sonhos: seus símbolos são verdadeiras vias de acesso para os desejos.

XIII * XXVI

XI

Albert Camus expressou grande sabedoria quando considerou o suicídio um problema filosófico. Exagerou, é verdade, ao afirmar que era o "único" problema filosófico importante e sério.

A vontade de finalizar a própria existência é um dilema racional que contraria nossa natureza de permanecer vivos. Entender o suicídio como um desejo natural seria, portanto, equivocado. Afinal, os seres vivos lutam para preservar seus corpos com integridade. Para os animais que não pensam sobre a morte, ela não se coloca como escolha, mas como algo que simplesmente acontece.

O homem, entretanto, pensa sobre sua vida e sua morte. Entre continuar existindo ou extinguir-se para não mais sofrer. Deliberamos, pensamos, raciocinamos sobre as vantagens e desvantagens de existir. Uma atitude tipicamente humana, moral, e por isso convertida em vontade. Suicidar-se seria uma racionalização contrária aos instintos naturais. Freud que nos desculpe, mas uma pulsão inconsciente de morte ainda é uma crença sem comprovação ou lógica. Sem falar na quimera estatística de Durkheim sobre o determinismo social do suicídio.

Pensar em abreviar a própria vida é uma escolha. Vontade que avalia nossas tristezas atuais e as que causaríamos em quem amamos. Conflito entre o egoísmo e a alteridade. Desistência de tentar viver uma vida que valha a pena ou a busca por uma na morte. Ápice do pensamento filosófico no campo da ética.

II * IX * XXI

XII

Se *Deus é a inteligência suprema do universo* e *causa primária de todas as coisas*, a razão é, portanto, expressão da divindade. E se razão é criação, o maior poder criador pertence a Deus. Isto significa que falar sobre a razão é falar da criação divina. Advindos e vinculados à divindade, podemos deduzir então que a razão humana é fruto da razão divina. Criados *à imagem e semelhança* de Deus, nossa razão é fagulha, é parte de uma razão superior. Uma grande potência que se materializa em nós.

O que implica dizer que a existência de Deus mostra-se em nós, e através de nós é que a racionalidade de Deus pode ser desvendada e compreendida. Assim, crer não é exercício da fé, mas do raciocínio maturado na experiência do pensar. Afasta-se, deste modo, a divisão ou dicotomia do pensamento humano entre a fé e a razão. Aproximadas, fé e razão são uma só coisa – como se não necessitássemos mais do recurso à fé, posto que a mesma está incutida no ato de pensar. É necessário apenas ter fé em nós mesmos e na capacidade humana de raciocinar.

Pensar nos define, criamos e somos criados. Filhos de Deus, confundimo-nos com a grande obra. Homens que trazem em si, recolhidos, uma parte de toda a experiência do universo: podemos criar. Somos também deuses, pois trazemos em nós a mais poderosa ferramenta que nos foi legada, herança de nosso criador: a razão. Erguemo-nos e somos como somos porque pensamos.

VI * XXX * XXXIII

XIII

Nosso desejo é exterior a nós. Tudo que desejamos, na velocidade deste mundo moderno, nos é imposto. Somos frágeis presas expostas às luzes e formas da realidade recortada por *outdoors*, tevês, cinemas e páginas de revistas.

Aprendemos desde cedo aquilo que devemos desejar e os *padrões eleitos* aos quais devemos seguir. Somos levados a acreditar – por influência de nosso meio, e submetidos à avalanche das novas mídias – que existem coisas *adequadas* e *inadequadas* para o nosso desejo. Funda-se então a ideia de um desejo *ajustado* e um *desajustado*, um *autorizado* e um *não autorizado*.

Entre o *certo* e o *errado*, desejar entra na lógica daquilo que pode ou não ser aceito. E então aprendemos qual a roupa certa, o cabelo certo, a geladeira certa, o bom molho, o bom sabão em pó, o trabalho dos sonhos e, por fim, a pessoa ideal.

Passamos a imaginar situações *maravilhosas* no horizonte do desejo: apaixonar-se em Paris ou Veneza – beijar sob as luzes ou sobre o reflexo das águas. Ou em meio à natureza: nada tão comum quanto a mulher que se entrega em areias tropicais – desejo fabricado em folhetins ou grandes telas.

Mas mais que isso: passamos a desejar certas ideias, certos comportamentos, certa orientação sexual ou religiosa, certos partidos políticos. Somos enfim escravos de algo que desconhecemos, fabricados por outros cujo desejo, bem mais forte que o nosso, nos ultrapassa.

IV * VII * X * XVI

XIV

Ao desejar da razão chamamos *vontade*. Desejar com o *instinto* é algo próprio do corpo, mas desejar com o pensamento é o que costumeiramente tratamos pelo nome de *vontade*. É como se existissem dois tipos de desejo: um que medita e um que não pensa.

Se por um lado o desejo irracional é capaz de nos trair, a vontade nos revela aquilo que somos, aquilo que sentimos verdadeiramente e qual é o caminho melhor ao qual devemos aderir. A vontade, ao contrário do desejo, procura preservar nossa integridade. Isto porque a vontade é um desejo que não nasce do impulso, mas da compreensão dos fatos. O caminho é mais seguro para quem tem por guia a vontade.

Ter vontade é desejar com o pensamento. E é por isso – porque a razão não nos pode enganar – que a realização da felicidade dependerá sempre da realização de vontades meditadas. Nem sempre os desejos do corpo vão nos satisfazer em nossa plenitude. Muitas vezes vão nos colocar em perigo, ameaçar nossas vidas, comprometer a existência. Os desejos podem por vezes nos lançar para além da linha, para o fundo do abismo ou para um destino sem volta. O desejo não nos impõe limites.

Já a vontade, tendo determinado os fins, pode realizar-se através da boa observância dos meios. Não nos conduz aonde não queremos ir, não nos desafia para além de nossas forças. Ao lado de nossa vontade somos livres. Livres para desejar o que nós mesmos nos impomos.

XVII * XX * XXVIII

XV

Um ano velho nos deixa, um ano novo nos acompanha. Em Peruíbe ou Osasco, Beijing ou Estocolmo, não faz diferença, este fenômeno segue igual para todos. Afinal, é a razão e não o universo que dá existência ao tempo.

Aprendemos que o dia é medido pela passagem do Sol no céu, que a semana é determinada pelas quatro fases da Lua. O ano, uma volta espacial da Terra em torno do Sol. O tempo se apresenta ilusoriamente como exterior a nós, existindo no mundo antes da gente. Mas quem nos ensinou que o tempo se mede assim? Não poderia ser diferente?

O *senso comum* esquece – como esquecem também as tias dos primeiros anos de escola que nos ensinaram ciência – que o tempo é uma ficção. Convenção social legítima, compartilhada por todos, medidas de duração determinadas arbitrariamente pela decisão de humanos.

O tempo foi pensado por pessoas, por isso ele não existe sem nós. Horários, prazos, calendários, tudo obedece a uma racionalidade já moldada em nossas mentes que se sobrepõe aos fenômenos da realidade – *a priori*, portanto. São medidas inculcadas despercebidamente desde a infância e que obedecem aos interesses dos grupos sociais que as instituíram e as controlam. Como o vai e vem dos anos festejados. Horário de Greenwich, horário de verão, hora universal, todos eles frutos de uma vontade racionalizada de grupos dominantes que impõem suas percepções de tempo para todos.

IV * XXIII * XXXI * XXXIII

XVI

Podemos vender tudo, até mesmo o desejo. E podemos consumir o outro e pagar pelos seus corpos: o mundo nos dá a possibilidade de negociar nossos desejos. O desejo é inserido então na lógica de mercado, torna-se motivador de uma economia. Mas mais do que entender que podemos satisfazer nossas pulsões através desse escambo de afetos, nesse mercado táctil, em que se encontram línguas e dedos – e muito mais – é necessário entender que o próprio desejo passa a figurar como objeto de troca, como mercadoria negociável.

Tem mais quem tem desejo. Não desejar passa a significar a pobreza do corpo, e passamos a barganhar não apenas os objetos de nosso desejo, mas o próprio desejo em si mesmo. Corremos ao psicólogo, à farmácia, ao templo zen: queremos reaver o cálice perdido, a fonte do desejo. Perdidos no mercado dos afetos, nos sentimos inapropriados se não desejamos. No mundo da valorização da juventude e dos corpos atléticos, desejar é imperativo. E como desejar é imperativo, ser desejado é uma obrigação. Corremos então às mesas de cirurgia e ao esteticista. Aquecemos o novo mercado da imaginação. Além de fabricar o desejo em nós mesmos, queremos fabricar o desejo no outro, já que sem ele somos pobres: miseráveis no mercado da vida.

I * IV * VII * XIX * XXXII

XVII

Vontade de atrair e vontade de evitar: são duas as forças sob nosso controle, segundo o filósofo estoico Epíteto. Se aquilo que desejamos está ao nosso alcance, então somos livres para obtê-lo, e seremos felizes ao encontrá-lo. Se o impulso que me move em direção a minha vontade está fora de minha jurisdição, então me deparo com algo impossível de realizar, com algo fora de meu controle, isto me trará sofrimento, e viverei em infortúnio.

O mesmo ocorre com a vontade de repelir ou afastar: se tenho o controle de afastar aquilo que quero evitar, viverei em conformidade com minha vontade; se aquilo que tenho como objetivo repelir não depende de mim, sentir-me-ei miserável.

A felicidade que vem da realização das vontades só é possível se nossa vontade deseja coisas possíveis. Ser feliz é estar no controle e não se descontrolar com as coisas que não dependem de nós.

Aquele que deseja evitar a morte é infeliz, pois a morte não depende dele. Aquele que deseja alcançar o amor de quem ama, vive em angústia, pois que o sentimento do outro depende do outro – não de si mesmo. Em contrapartida, aquele que deseja evitar um sentimento tem mais chances de ter sucesso, já que os nossos sentimentos nos são inerentes.

XVIII * XXIV

XVIII

Ligar ou não ligar para a pessoa por quem nos apaixonamos? Com a razão posta em dilema, vemos nosso futuro em xeque no conflito dos afetos.

Desejamos ligar. Completamente envolvidos, queremos ouvir a voz, sentir o calor do som e cheirar o perfume das palavras de quem desejamos. Quando se ama, qualquer atenção é deleite. Nosso corpo nos conclama: telefonar para marcar um encontro com quem nos excita. E o quanto antes, porque entristecemo-nos com sua ausência e nos apequenamos a cada segundo.

Mas há uma vontade contrária em nós que diz: – Espere, acalme-se, ligue depois ou deixe quem sequestrou sua estima tomar a iniciativa. Mais inteligente que o *desejo*, a *vontade* intui que o amor se dá na ausência, na falta, na incerteza. Sabe que, quando revelamos nossa carência através da afobação, aquele que amamos deixa de nos querer: ninguém busca aquilo que já tem.

E então nos contemos. Mas sabendo não ser possível vencer o coração por longo tempo, a razão nos mostra a sedução como saída. E entramos num jogo de sadismo e autoflagelo, em que a estratégia de mostrar e esconder afetos aumenta a excitação: encenar uma cantada, conseguir o número do telefone para, depois, demorar a ligar. Contradição nas estratégias da conquista. Roubar a atenção do amado, incomodar, fazê-lo mover-se, é imperativo. A sedução é a dança da racionalidade equilibrista: tem numa das mãos o desejo; na outra, a vontade.

I * VII * XVII * XXIV

XIX

O desejo que o outro nos impõe nos escraviza. Todo bem ou ideia que se coloca para além de nós se converte em controle e servidão.

Devemos aprender sobre o poder de nossos desejos: tudo aquilo que realmente temos – nossa capacidade de pensar, nossos impulsos, nosso poder de escolher ou evitar – nos faz autônomos. E seremos livres para viver uma vida dentro de nossas possibilidades. Respeitar nossos limites de atuação faz parte da prudência, e é requisito para preservar nossa honra e dignidade. Conhecer nossos desejos traça o caminho para a liberdade.

Vivendo em sociedade, porém, há muitos desejos que conflitam com os nossos. Cria-se um espírito de cobiça e inveja que nos faz comprar coisas dispensáveis, aceitar ideias políticas alheias, compactuar com princípios morais que não são os nossos. Passamos a escolher metas que são estranhas a nossa natureza. Vivemos exclusivamente para conquistar triunfos sociais no trabalho, no casamento ou no consumo, e nos tornamos fracos. Servis aos desejos daqueles que nos impuseram tais objetivos. Presos às convenções sociais controladoras. Ao aceitar desejos que estão além da nossa condição assinamos um acordo de submissão e tristeza. Pagamos o preço por não viver uma vida genuína. Honrar nossa liberdade e nossa alegria é aceitar que o desejo que não brota de nosso corpo – e que não está em nosso poder – não é nada para nós.

IV * XIII * XVI * XXIII * XXIV * XXIX

XX

Podemos entender nossa vontade. Fruto da minha personalidade, minha vontade me revela. Nossas vontades são a melhor expressão de nós mesmos. Posso meditar sobre elas, conhecer-me através de meus anseios, esquadrinhar meu entendimento sobre o mundo e sobre as direções que dentro dele pretendo seguir. E posso contar que, aos poucos, esse esforço me fará desenhar um mapa, que não leva a outro lugar senão a mim mesmo. Se minha vontade me diz quem eu sou e como procedo – como que me ensinando minha lógica interna –, o estudo de minhas vontades me apresenta e faz crescer vontades novas. Descobrir-se como um ser que tem vontades nos conduz a fazer surgir vontades novas.

Talvez porque conhecer seja uma vontade sem fim, uma vontade inesgotável. Não é de se admirar que *co-*

nhecer a si mesmo também seja uma vontade humana. O próprio conhecimento não é outra coisa senão uma vontade. Vontade de conhecer que se traduz em vontade de ser.

E vamos estendendo essa vontade de compreensão sobre todas as coisas que encontramos. A própria filosofia é a materialização desse movimento de raciocinar sobre o mundo e sobre o ser que neste mundo nós somos – sobre os lugares que ocupamos nele e sobre as pessoas com as quais nos relacionamos. Substituímos o dito popular "diga com quem andas e eu te direi quem és" por um outro, um pouco diferente: "diga para *onde* andas e eu te direi quem és".

XIV * XVIII * XXIX

XXI

A racionalidade humana nos ajuda a mudar o mundo ao mesmo tempo em que é capaz de controlar a si mesma. Por isso a filosofia denomina a primeira habilidade de razão instrumental e a segunda de razão crítica.

Quando pensamos em uma estratégia para trabalhar, namorar ou viajar, nós utilizamos a razão como uma ferramenta que dá vazão aos nossos desejos. Fazemos hipóteses, calculamos e executamos nossas ações no intuito de mobilizar pessoas ou para mudar uma situação ao nosso redor conforme nossos interesses. Trabalhar, estudar, praticar esportes... as mais importantes atividades humanas usam a razão como instrumento para alcançar objetivos.

Apesar de a razão instrumental resolver boa parte de nossos problemas, nem sempre podemos confiar nela. Quando o ser humano quer algo a qualquer preço ele pode mentir, destruir ou mesmo matar para realizar suas metas. Quando somos movidos pelo consumo, por exemplo, fazemos de tudo por um produto e não ligamos para seus efeitos sociais e ambientais nocivos. Por esse motivo existe a razão crítica, para analisar os valores que movem uma ação e seus efeitos. A postura crítica analisa eticamente os limites e efeitos de uma ação instrumental. Tanto a razão instrumental quanto a crítica devem trabalhar juntas, pois é danoso agir para conseguir o que se quer sem pensar nas conseqüências, e inútil somente criticar uma ação sem agir para mudá-la.

III * XXV * XXX

XXII

Desejar ultrapassa a condição física do corpo. Quando desejamos ardentemente, desejamos com toda dimensão de nosso ser: desejamos com alma. *Impulso, chama, labareda, movimento*... são muitos os modos de *traduzir* o desejo. Mas todos eles incompletos, pois desejar *de corpo e alma* não é algo que se possa traduzir em palavras. Desejo, portanto, ultrapassa a dimensão da matéria. Possível desejar fora do corpo? Certamente, pois a vida não se resume a apenas uma experiência física. Possível desejar fora do corpo e em quantos corpos nossa alma ocupar-se enquanto existe.

Fazemos então uma releitura do desejo: identificamos o desejo com a vontade, com a determinação de escolher o que se quer. Querer é uma coisa só. E experienciaremos *o querer* não importa a dimensão que ocupemos. Nossa identidade pensante, nossa alma imaterial, *quer e deseja* independentemente de sua condição. Podemos usar o corpo como veículo, podemos incorporar a matéria como dimensão do desejo, mas podemos apenas desejar com o corpo de modo superficial. Ou podemos, ao contrário, usar o corpo como potência para o desejo, e somar dele as forças para desejar ardentemente e de maneira mais completa, como fazemos quando amamos. Amar é desejar de corpo e alma.

XXIII

Nosso sistema democrático, enquanto governo do povo, é uma enorme falácia. Se na democracia vence o modo de governo que representa a maioria, então esse governo não representa o todo que compõe o povo onde as minorias estão inclusas. A vontade geral não se mede pela soma dos votos, mas pelo respeito aos interesses de todos que a constituem.

Os políticos, na democracia, buscam escrever leis e executar medidas que agradem seu eleitorado. Nesse sistema há representantes dos ruralistas, dos banqueiros, das empreiteiras, dos trabalhadores e de vários outros grupos. Cada um fazendo prevalecer suas vontades sobre os demais. Porém, não podemos afirmar que a soma triunfante dos egoísmos se imponha como vontade do povo. Já diziam os gregos que a opinião de um só homem sábio e ético vale mais do que a opinião de dez mil infelizes. Se a opinião da maioria fosse melhor do que o bom-senso os governos nazistas não existiriam.

Nenhuma lei pode ser justa ao atender interesses particulares. A vontade geral se constitui no interesse de todos os homens que compõem a sociedade, na renúncia momentânea do egoísmo em prol do próximo. Se nós aceitamos viver juntos é porque compartilhamos interesses iguais, e são esses interesses que devem prevalecer. Leis que zelam por nossa saúde e segurança expressam esses interesses.

O verdadeiro governo do povo consulta e respeita a vontade comum a todos, sem exceção.

IV * XIII * XXV * XXXI

XXIV

Um homem ama uma dama. Não escolheu seu desejo de possuí-la. Ao contemplá-la, dia após dia, o desejo se intensifica. Seu amor exala em olhares e gracejos. Sua timidez é compensada pelos gestos patetas que chamam a atenção: fórmula para vencer suas limitações estéticas e sociais.

A dama, por sua vez, não se sente atraída pelo homem. Bela e educada, sempre sonhou com um lindo príncipe. Sua mãe e suas amigas não esperam por menos. Destinada a um pretendente de acordo com suas qualidades – prisão que as qualidades lhe impõem –, o homem que a ama não tem chances. Apesar de não vivermos no período feudal, ou em castas, pessoas como ele serão, no máximo, um amigo. A dama não foi ensinada a ter desejos ou a batalhar na vida ao lado de alguém como ele. Efeito do preconceito estético e de classes que a cultura constrói sorrateiramente.

Mas o destino prega peças, e um dia estas assaltam a casa da dama. Ela é feita refém. O homem, sabendo que ela seria abusada e morta, vai ao encontro dos bandidos pedir para salvar a honra e a vida de seu amor. Neste momento a dama, ao olhar o ato heroico, pergunta-se: – Como não pude amar alguém que me amou tanto? Surge nela ternura, admiração, vontade de ter uma família com alguém tão bom. Que mulher seria triste com um homem assim? Amor refletido e genuíno. A razão acordou o coração, mas já era tarde. A vida da dama custou a vida do amante.

VII * XVIII * XXXII

XXV

Engajar-se em um movimento para melhorar o mundo advém, na maioria das vezes, de uma *boa vontade*. Impulso racional que se preocupa com o bem-estar do conjunto.

Existem aqueles que se preocupam com o meio ambiente, com a fome no mundo ou com as desigualdades sociais. Há também os que lutam contra guerras ou contra as doenças. Em todos estes casos existe uma preocupação com o próximo, empregando-se gastos de energia e recursos que poderiam ser utilizados para atender aos próprios deleites.

Mas não haveria um motivo egoísta na busca por um mundo melhor? A preocupação com o outro não é um engodo, uma ficção?

Parece evidente que exista certo egoísmo nas ações voluntárias; afinal, lutamos por um mundo melhor para os outros e, consequentemente, para nós mesmos. É incômodo viver em um lugar ruim.

Porém, isso não descarta as motivações altruístas. Preocupar-se com o meio ambiente que acabará quando não mais existiremos ou com a fome em um continente que não habitamos não é simples egoísmo. É revelar um sentimento de empatia, de compaixão pelo próximo, de satisfação pela alegria alheia.

Há, sem dúvida, muitos perversos que se beneficiam com projetos sociais e ambientais. Entretanto, fazer ações voluntárias sem esperar glórias ou outros ganhos mostra uma consciência moral que transcende ao egoísmo. Satisfação no próprio ato de ajuda e não nos ganhos com a destruição alheia.

II * IX * XI * XXXIII

XXVI

Pensar parece uma das atividades mais íntimas que um ser humano pode ter. Porém, tal sensação é um engano gerado pelos limites restritos de nossa razão. Nossa mente é fruto de um coletivo.

Muitas vezes nos pegamos desconfiando de pessoas queridas, cogitamos adultérios, sonhamos em ser heróis ou imaginamos agredir nossos desafetos. Pensamentos íntimos, que parecem surgir internamente, porque a consciência que nos controla também surge como uma voz mental, uma conversa "pessoal" reprovadora. Afinal, todo pensamento é linguagem. Desafiamos os que não concordam a pensarem sem usar palavras.

Se o pensamento é linguagem, então ele não é inato. Surge da educação. Daqueles que nos ensinaram a falar.

Dos que nos ajudaram a construir frases com sentido. Palavras são simbólicas, remetem a valores socialmente aceitos: água é bom, fezes é sujo, brigar é feio, trabalhar é importante.

As letras e seus sentidos são construções ideológicas naturalizadas e defendidas por uma comunidade. A forma de pensar, valorar e dar sentido transcende nossas experiências pessoais. Precisamente, pensamos o mundo dentro das estruturas de uma razão que nos foi imposta pela cultura.

O pensar não é individual, nem tampouco íntimo. Nossa razão é um produto ideológico para além de nossa capacidade de percepção. Toda razão que se apresenta pessoal, singular, é fruto de uma ilusão que ignora sua origem.

XII * XXX * XXXII

XXVII

Obter aquilo que desejamos nem sempre é um bom negócio. Por isso é preciso ter cuidado com o que se deseja, já que a qualquer momento é possível ter em sua posse o objeto de seu desejo, o que nem sempre é conveniente.

Um marido que deseja a cunhada, um funcionário que deseja a gerência, um ator que deseja a fama: exemplos de anseios que não podem calcular a força de sua vontade. Chegando à meta, o que fazer em relação ao ponto de partida? Para a condição humana, muitos são os caminhos em que o retorno não é possível, para os quais a porta fechada não possui mais chave.

Nos portos em que estamos impossibilitados de atracar, porque seguimos uma viagem diferente da que antes estava prevista, porque nos conduzimos a um lugar sem volta, não é possível lamentar as derrotas ou chorar as saudades dos tempos idos. Desejar é assumir escolhas.

Desejar sem limites é não reconhecer que é preciso saber desejar e desejar bem. Desejar é um impulso que nos lança para longe, que nos faz ir além, mas é preciso saber em que lugar queremos chegar, e para onde estamos indo.

Existe uma sabedoria em desejar aquilo que se deseja.

VIII * IX * XIX * XXVI * XXVIII

XXVIII

Pensar antes de agir não é uma tarefa fácil. Raciocinar, para muitos, é bem difícil. Fazer uma reflexão de qualidade, antes de tomar uma decisão, coloca-se como uma tarefa desgastante: causa dores na cabeça e fadigas pelo corpo.

O pensamento consome muita energia. Para os especialistas é a atividade que mais utiliza os recursos e a energia do corpo. Raciocinar é um exercício tipicamente humano – apesar de existirem aqueles que não o praticam. Quem evita pensar para viver renuncia sua espécie e se entrega à brutalidade. Não é à toa que apelidamos tais displicentes com referências animalescas. *Burro* para os que não pensam, *cordeirinhos* para os que se deixam levar pelos outros, *cavalo* para os que não controlam sua agressividade, *galinha* para os que se entregam aos estímulos sexuais. Animais em corpos humanos, destituídos em suas práticas da condição de sujeito.

Pensar requer prática, raciocinar bem pede dedicação. Filosofar requer um hábito incorporado de questionar o senso comum e racionalizar no abstrato. Exercício árduo de se dedicar ao estudo e ao uso que se faz do conhecimento. Raciocinar se coloca como um fenômeno singular ao homem, constituidor da humanidade e critério de distinção através da habilidade de cogitar bem.

III * VIII * XI * XXXIII

XXIX

Desejamos sempre o que é melhor para nós. Ou aquilo que nossos instintos mais ocultos assim consideram. Ficamos excitados quando queremos sexo. Ou assustados, quando nosso anseio é o silêncio. Temos fome e sede quando o que se quer é o alimento. Desejo de leite quando nos falta cálcio, de carne ou agrião quando se perde ferro.

E desejamos flores ou vestidos para que sejamos vistos. Ou abraços e beijos, quando o que se quer, apenas, é ser bem-amado.

Mas há ocasiões em que nosso desejo nos sussurra uma verdade oculta que tentamos omitir. Tortura-nos com versos opacos que negamos, balbucia coisas que não se quer ouvir. E se não damos ouvido – ou se desconversamos – começa o martírio de negarmos a nós mesmos. Há ocasiões em que nossos desejos já não são mais discretos: maltratados e suprimidos, eles gritam.

Por mais que outras emoções tentem disfarçar, os desejos não escondem suas metas: a mulher do melhor amigo, o marido da vizinha, o emprego do chefe: nosso desejo é egoísta. E determinado. Por mais que tentemos distraí-lo, por mais que tentemos mitigá-lo, ele se anuncia: surge por entre sorrisos e frestas de portas semiabertas. Deixa-se perceber por entre trocas de e-mails ou de cartões de visita; por entre olhares e lances, quase discretos; com o jogar do cabelo.

Não há como escapar de nossos desejos íntimos. Melhor do que fugir é se entregar.

I * XXI * XXV * XXVII

XXX

O estudo é a expressão da vontade. Estudar é para os fortes, para quem possui coragem, resistência e respeito à humanidade. Precisa-se de força de vontade para controlar o corpo e direcioná-lo para uma atividade difícil, pouco atraente e, muitas vezes, desconfortável.

O bom professor se esforça não só para estudar e se especializar, mas também para trabalhar. Com condições adversas no âmbito profissional, salários insuficientes e caos institucional, os problemas que enfrenta exigem determinação, vontade dupla para fazer do seu trabalho uma contribuição séria e significativa.

Já o bom estudante se esforça para realizar sua vontade de aprender. Sofre com as dificuldades da matéria, com as sensações de tédio, desconforto e com colegas de classe que prejudicam o bom andamento da aula.

Escolhe renunciar à brincadeira e ao entretenimento imediato em prol de uma cultura que o fará melhor.

Estudar é difícil por natureza, constatação que muitos educadores distorcem no esforço de vender a ilusão de um ensino baseado na suposta alegria em aprender. O ensino oferece mais do que informação, ele exercita o autocontrole, a disciplina, a responsabilidade e o respeito ao outro.

A verdadeira força de uma pessoa está na sua vontade de estudar, em sua busca por um nível de sabedoria em que renuncia sua animalidade, capacitando-se como sujeito pleno de humanidade.

XX * XXV * XXVI * XXXIII

XXXI

A razão é o olho que enxerga a verdade, mas que nada vê. Pensar é o nosso sexto sentido: fornece-nos conhecimento do mundo e a experiência da vida, mas, diferente dos outros cinco sentidos, não sente e não existe por si mesmo.

Os olhos veem o sol nascer no Oriente e morrer no Ocidente, a razão vê o mesmo astro sendo orbitado por nosso planeta. O ouvido escuta o belo discurso do vendedor, a razão volta a atenção para a falta de lógica e as enganosas palavras. O olfato cheira o aroma das belas rosas do campo, a razão percebe os produtos químicos que compõem o odor do sabonete. O paladar degusta o doce gosto da uva, a razão sente a artificialidade do adoçante e dos produtos imitadores de sabor. O tato identifica aquilo que é quente ou frio, porém é a razão que estabelece o morno. O pensamento racional é capaz de guardar para si o mundo experimentado ou criar outros mundos abstratos, hipotéticos ou fantasiosos, nunca vividos na realidade.

Os cinco sentidos trazem a sensação que compõe o nosso mundo, a razão traz sentido para aquilo que os fenômenos vindos do sentido não conseguem entender. A razão sem os cinco sentidos é cega e os cinco sentidos sem a razão são capacidades inúteis.

VI * VIII * X * XI * XXIII * XXVI

XXXII

Todo mistério contém em si um segredo, algo de valioso que desperta o desejo de quem esconde e de quem procura.

Tentamos ocultar aquilo que tem valor compartilhado e que não temos intenção de repartir. Fazemos total sigilo de coisas que são fundamentais ou que nos constrangem. Escondemos as chaves da casa, o dinheiro no banco, as manias que levam ao escárnio, as imperfeições estéticas com roupas modestas ou maquiagem. Somos zelosos com tudo aquilo que só diz respeito a nós mesmos.

Porém, a singularidade do mistério, em relação à ocultação, reside em seu poder de sedução originada pela possibilidade de posse compartilhada. Quando escondemos as partes do corpo, com vestimentas atrativas, denunciamos que queremos guardar algo muito valioso para nós e que pode ser do interesse de quem contempla. O belo vestido que cobre as formas do corpo, um lindo sutiã ou um bonito véu, que toma o lugar do cabelo, leva-nos a imaginar o quanto vale aquilo que não podemos ver, ao mesmo tempo em que denuncia o desejo oculto do outro em se mostrar.

Por que fazer suspense do que se quer revelar? Para fazer negócio com a pessoa interessada em descobrir. No mistério há um desejo compartilhado implícito, um pacto subentendido entre aquele que esconde algo de interesse e aquele que se esforça para tentar obter o objeto que move sua atenção.

XVI * XVIII * XXX * XXXI * XXXIII

XXXIII

A verdadeira filosofia é fruto de uma soberana vontade. Seu anseio por respostas trava uma batalha contra os nossos mais profundos medos e esperanças vãs.

As investigações sinceras sobre tudo aquilo que nos move e nos apequena causam mal-estar. Não queremos saber quem realmente somos, quais os impactos das nossas ações ou analisar os preconceitos de nossos valores, apesar de publicamente negarmos tudo isso. A verdade só é boa quando convém, assim como a mentira. Nossa noção de homem e civilização foi fundada em mitos e não queremos ver nossos mitológicos alicerces despencarem de uma só vez sobre nossas cabeças.

É preciso muita coragem e muita energia para buscar a verdade. Uma vontade disposta a lutar contra nós mesmos e contra aqueles que se protegerem das crenças que lhes são convenientes. Para saciar essa vontade pelo que é certo alguns estão dispostos a sofrer penas de morte, como aconteceu com Sócrates e Sêneca em épocas remotas ou com os anarquistas e marxistas tão recentemente.

Quando a busca pela verdade se torna mais forte do que o medo, do que a vergonha e do que a rejeição, podemos então colocar o dedo em nossas feridas e viver heroicamente na luta contra as sombras da ignorância que ainda hoje nos assolam. É preciso ter muita vontade de conhecer o verdadeiro para se engajar contra tudo aquilo que nos afasta dele.

Todos

OS AUTORES

Arthur Meucci

Bacharel, licenciado e mestre em Filosofia pela USP, doutorando em Educação, Arte e História da Cultura pelo Mackenzie, formado em Psicanálise pelo IBCP, com ênfase em Psicanálise de Casal e Família pelo Sedes Sapientiae. É professor-conferencista de Ética e Ciência Política na Escola de Comunicação e Artes da USP, consultor e conferencista do Espaço Ética e psicanalista do Espaço Psicanalítico Integra. É membro da Associação Filosófica Scientiae Studia e da Academia Peruibense de Letras. Em coautoria com Clóvis de Barros Filho escreveu o livro *A vida que vale a pena ser vivida*, pela Vozes.

Flávio Tonnetti

Bacharel, licenciado e mestre em Filosofia pela USP, doutorando em Educação pela mesma instituição, com tese sobre educação e tecnologia. Coordenou curso de graduação na rede privada e atuou como professor de diversas instituições de Ensino Médio e Superior. Foi professor-visitante na Universidade Nacional de Timor-Leste, integrando projeto internacional de cooperação. Como gestor educacional, trabalha na Faculdade Messiânica com edição e supervisão de conteúdo didático, além de prestar consultoria para implementação de cursos na modalidade de educação a distância. Edita o site ensino.blog.br